Birthday

Reminder

Notebook

ISBN-13:978-1979233514

ISBN-10:1979233519

INTRODUCTION

It's obvious really, but this is how to use this book to record birthdays, anniversaries and any other notable dates that you need to remember. Here are a few examples:

January

1 A Friend (1974)   Birthday

Remember to note the year of your friends birthday then you will be able to remember how old they are!

2

3 Our kitten joined the family (2007)

4 My wedding anniversary (2003)

5

It is useful to note other dates that are important to you, not just birthdays and anniversaries

6 Moved into our house (2006)

January

1

2

3

4

5

6

7

8

January

9	
10	
11	
12	
13	
14	
15	
16	

January

17

18

19

20

21

22

23

24

January

25	
26	
27	
28	
29	
30	
31	

February

1

2

3

4

5

6

7

8

February

9

10

11

12

13

14

15

16

February

17	
18	
19	
20	
21	
22	
23	
24	

February

25	
26	
27	
28	
29	

March

1

2

3

4

5

6

7

8

March

9	
10	
11	
12	
13	
14	
15	
16	

March

17

18

19

20

21

22

23

24

March

25	
26	
27	
28	
29	
30	
31	

April

1	
2	
3	
4	
5	
6	
7	
8	

April

9	
10	
11	
12	
13	
14	
15	
16	

April

17

18

19

20

21

22

23

24

April

25	
26	
27	
28	
29	
30	

May

1	
2	
3	
4	
5	
6	
7	
8	

May

9	
10	
11	
12	
13	
14	
15	
16	

May

17

18

19

20

21

22

23

24

May

25	
26	
27	
28	
29	
30	
31	

June

1

2

3

4

5

6

7

8

June

9

10

11

12

13

14

15

16

June

17	
18	
19	
20	
21	
22	
23	
24	

June

25	
26	
27	
28	
29	
30	

July

1

2

3

4

5

6

7

8

July

9	
10	
11	
12	
13	
14	
15	
16	

July

17	
18	
19	
20	
21	
22	
23	
24	

July

25	
26	
27	
28	
29	
30	
31	

August

1

2

3

4

5

6

7

8

August

9

10

11

12

13

14

15

16

August

17

18

19

20

21

22

23

24

August

25	
26	
27	
28	
29	
30	
31	

September

1

2

3

4

5

6

7

8

September

9

10

11

12

13

14

15

16

September

17

18

19

20

21

22

23

24

September

25	
26	
27	
28	
29	
30	

October

1	
2	
3	
4	
5	
6	
7	
8	

October

9	
10	
11	
12	
13	
14	
15	
16	

October

17

18

19

20

21

22

23

24

October

25	
26	
27	
28	
29	
30	
31	

November

1

2

3

4

5

6

7

8

November

9

10

11

12

13

14

15

16

November

17

18

19

20

21

22

23

24

November

25	
26	
27	
28	
29	
30	

December

1

2

3

4

5

6

7

8

December

9

10

11

12

13

14

15

16

December

17	
18	
19	
20	
21	
22	
23	
24	

December

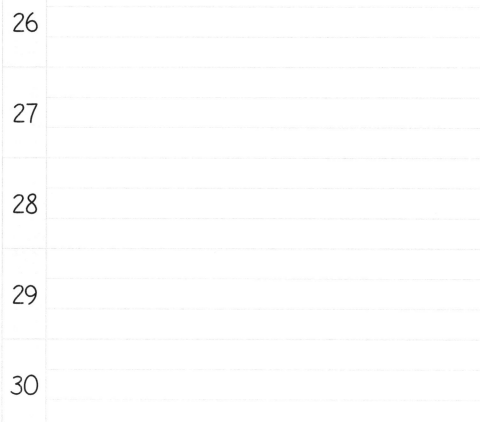

25

26

27

28

29

30

31

NOTES

NOTES

NOTES

NOTES

NOTES

NOTES

NOTES

NOTES

NOTES

Made in the USA
Las Vegas, NV
12 January 2024

84289504R00036